Günstige Eigenschaften:
!iebenswürdig, zuverlässig,
treu, Neigung zu Okkultismus

Ungünstige Eigenschaften:
zornmütig, phantastisch

HELLMA Feinzucker

Wir sind die Love-Express Tierchen,
die seltensten Comic-Figuren der
Welt. Wir kommen nur alle
paar Jahre vor, und zwar an
obskuren Stellen von der
breiten Masse
unbemerkt.

Herausgegeben von Jochen Enterprises
Möckernstr. 78, 10965 Berlin
http://home.t-online.de/home/jochenenterprises
1. Auflage April 1998, isbn: 3-930486-40-7
© Katz + Max Goldt

Katz
Max Goldt

Koksen um die Mäuse zu Vergessen

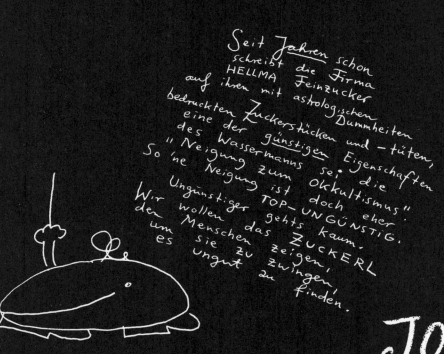

Seit Jahren schon
schreibt die Firma
HELLMA Feinzucker
auf ihren mit astrologischen Dummheiten
bedruckten Zuckerstücken und -tüten,
eine der günstigen Eigenschaften
des Wassermanns sei die
"Neigung zum Okkultismus".
So 'ne Neigung ist doch eher
ungünstiger gehts kaum.
Ungünstiger das ZUCKERL
Wir wollen das zeigen,
den Menschen sie zu zwingen,
um es ungut zu finden.

JOCHEN
ENTERPRISES

Eine Prise Biografisches

Zusammen wiegen Stephan Katz und Max Goldt 170 Kilo. Die beiden "schweren Burschen" haben zusammen Schuh-größe 89. Wenn man die beiden Zeitspannen addiert, die vergangen sind, seit die beiden ihre jeweils letzte Hose gekauft haben, ergibt sich eine Summe von 21 Monaten – das entspricht genau der Tragezeit bei Elefanten! "Donnerwetter" kann man da nur sagen. Die Entfernung zwischen den Wohnungen der beiden beträgt sage und schreibe zehn Kilometer. Hut ab vor dieser großen Entfernung!
Man müßte 50.000 Dosen mit Halberstädter Würstchen hintereinanderlegen, um eine solche Entfernung technisch "nachzuäffen".
Aber das ist längst nicht alles: In jeder Dose sind sechs Würstchen enthalten, insgesamt sind es also 300.000 Würstchen. Das entspricht der Einwohnerzahl von Malmö und Detmold zusammen! Man kann Katz und Goldt also ohne Übertreibung als ein Comic-Duo der Superlative bezeichnen.

Eine Prise Privates

Wenn Katz nicht gerade mit seiner Yamaha den Anwohnern des Kollwitzplatzes in Prenzlauer Berg das Leben zur Hölle macht, dann frönt er seiner Leidenschaft: Dem Aufbocken von Küchen in Haushalten von Mitgroßwüchsigen. Max Goldt besitzt 43 Elektrogeräte.

Eine Prise Lippenpflege

Herr Katz benutzt Labello, Herr Goldt macht immer so:

Ist genauso gut und kostet nichts.

FINANZGRÜBELEIEN
von
DO-IT-YOURSELF-
MASOCHISTEN

KATZ + GOLDT

Das klägliche Versagen der
Disco-Bosse

von KATZ + GOLDT

Die Disco-Besucher sagen:

Die Musik hat nicht genügend Bässe.

Nun drehen die Disco-Bosse zusätzliche Bässe in die Tracks,

MEHR BÄSSE ALTER!

wozu sie als Disco-Besitzer ethisch-moralisch verpflichtet sind.

Blaaaast!

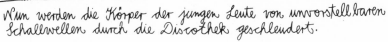

Nun werden die Körper der jungen Leute von unvorstellbaren Schallwellen durch die Discothek geschleudert.

Doch wenn sie es genießen.

Hinterher stehen die Disco-Besucher an der Bushaltestelle und sagen: Es gibt nicht genügend Busse.

Wird daher die Anzahl der Busse raufgedreht? Nein. Hier versagen die Disco-Bosse.

Schlußplädoyer

Wir meinen: Bosse, die für Bässe sorgen, müssen auch für Busse sorgen.
Das meinen auch CDU, SPD und wie sie alle heißen. Alle meinen das.
In allen Kontinenten. Afrika, Europa und wie sie alle heißen.
Damit ~~enig~~ weniger passiert.

Die beiden netten Homos

TEIL 4 : IMPRÄGNIER DEINEN FETISCH !

DIE BEIDEN NETTEN HOMOS WOLLEN IHREN FETISCHISMUS AUFMÖBELN UND KAUFEN SICH ZWEI SCHIRMMÜTZEN AUS LEDER.

VERNÜNFTIGERWEISE REGENBEDINGTES SPRÖDEWERDEN DES MÜTZENLEDERS IN BETRACHT ZIEHEND ERWERBEN DIE NETTEN HOMOS LEDERIMPRÄGNIERUNGSSPRAY.

Daheim jedoch

WARNUNG! NICHT IN GESCHLOSSENEN RÄUMEN ODER BESIEDELTEN LANDSTRICHEN ANWENDEN.

Lederfroh

Daher fliegen die beiden netten Homos nach Island.

Durch das verdammte Imprägnierungsspray verändert sich das isländische Klima schlagartig.

ordensverdächtig

DURCH DIE BLITZARTIG ENTSTANDENE FLORA LAUFEN DIE BEIDEN NETTEN HOMOS ZUM HAUS DES MINISTERPRÄSIDENTEN, UM SICH IHREN ORDEN ABZUHOLEN.

guten Jag!

DER MINISTERPRÄSIDENT OLAFUR RAGNAR GRIMSSON IST ABER EIN BISSERL SAUER, WEIL 11800 qm² GLETSCHER IM LANDESINNERN GESCHMOLZEN SIND UND SEINE KÜCHE UNTER WASSER STEHT.

Er nimmt den Homos ihre Mützen vom Kopf, um damit das Wasser aus der Küche zu schöpfen.

DARAUF DIE BEIDEN NETTEN HOMOS:

Dem Himmel sei Dank, daß wir sie vorher imprägniert haben.

KATZ + GOLDT

MUTTER TERESA — DIE MEIST
FOTOKOPIERTE FRAU DER WELT.

LUCIANO PAVAROTTI
AUF DEM WEG ZUM
TRAUERGOTTESDIENST
FÜR LADY DI.

semjonowitsch makarenko & prips in:

"In der Uni gibts Gratis-Rettich"

MAN HAT JETZT AN DIE UNI EINEN BALKON DRANGE-SCHRAUBT. GUT.

Auaaaa!

DIE SCHWULEN HABEN EINE BANK AUF DEM BALKON GEGRÜNDET. AUCH GUT. DAS MACHEN DIE JA JETZT IMMER.

ABER WOZU? WOZU AUF EINEM BALKON EINE BANK GRÜNDEN? WIE SOLL DAS GELD AUF EINEM BALKON ARBEITEN?

POK POK

WENN HOLZ IN EINEM ALTEN ALPENHOTEL KNACKT, DANN SAGT MAN "DAS HOLZ ARBEITET". ICH HABE ABER NOCH NIE AUF EINEM BALKON GELD KNACKEN HÖREN.

FADENSCHEINIGE ERKLÄRUNG DES SCHWULENCHEFS: IN DER UNI GIBTS HALT DIE WAHNSINNIGSTEN MÖGLICHKEITEN.

TOLLE BEGRÜNDUNG! DABEI GIBTS AUF DER UNI EIGENTLICH NIE IRGENDWELCHE MÖGLICHKEITEN. ES GIBT JA NOCH NICHT MAL GARDEROBEN-HAKEN.

AUF DER UNI HAT ES EIGENTLICH IMMER NUR GRATIS-RETTICH GEGEBEN. HAT SICH JE EIN STUDENT DARÜBER BEKLAGT? NEIN.

STUDENTEN HEIRATEN JA SOWIESO IRGEND-WANN. ABER JETZT KOMMEN DIE HERREN SCHWULEN UND BEHAUPTEN DIES UND JENES.

KATZ + GOLDT

Agathe und der Snob

Weniger Kriminalität

KATZ + GOLDT

ELKE HEIDENREICH WATSCHELT MIT IHRER VERZERRTEN GITARRE DURCH BERLIN.

ZUR FREUDE DER BERLIN-BESUCHER SITZT SIE OFT EINSAM AM WASSERKLOPS UND SPIELT SCHLAGER.

KOLONIEN DER LIEBE SIND KOLONIEN, DIE ICH LIEBE...

DIE IST BEIM ROWOHLT-VERLAG.

DIE MUSS JA WISSEN, WAS GUT FÜR SIE IST.

AH! ELSE STRATMANN-DAS VERRÜCKTE HUHN VOM MITTELLAND-KANAL.

SOLCH VERSTÄRKER HA ICK OOCH ZU HAUSE.

ABER AKTIV-BOXEN HAT DIE WIE'N KERL.

DOCH PLÖTZLICH WIRD DIE MUSIKALISCHE DARBIETUNG DURCH EINEN WADENKRAMPF UNTERBROCHEN!

WAAH! AUSGERECHNET DAS DEN VERZERRER BETÄTIGENDE BEIN.

stimmt, es verzerrt gar nicht mehr.

GLÜCKLICHERWEISE SIND DIE JUNGS VON TOCOTRONIC IM PUBLIKUM.

Lassen sie mich durch! Ich bin Ernst Hugo von Salem-Priesnitz von Tocotronic und habe Krampf-salbe dabei.

ICH BIN BEI ROWOHLT.

Ach wirklich? Wir sind bei L'age d'or werden aber vertrieben durch Motor Music GmbH.

KATZ + GOLDT

Der Nachmittagskellner

KATZ + GOLDT

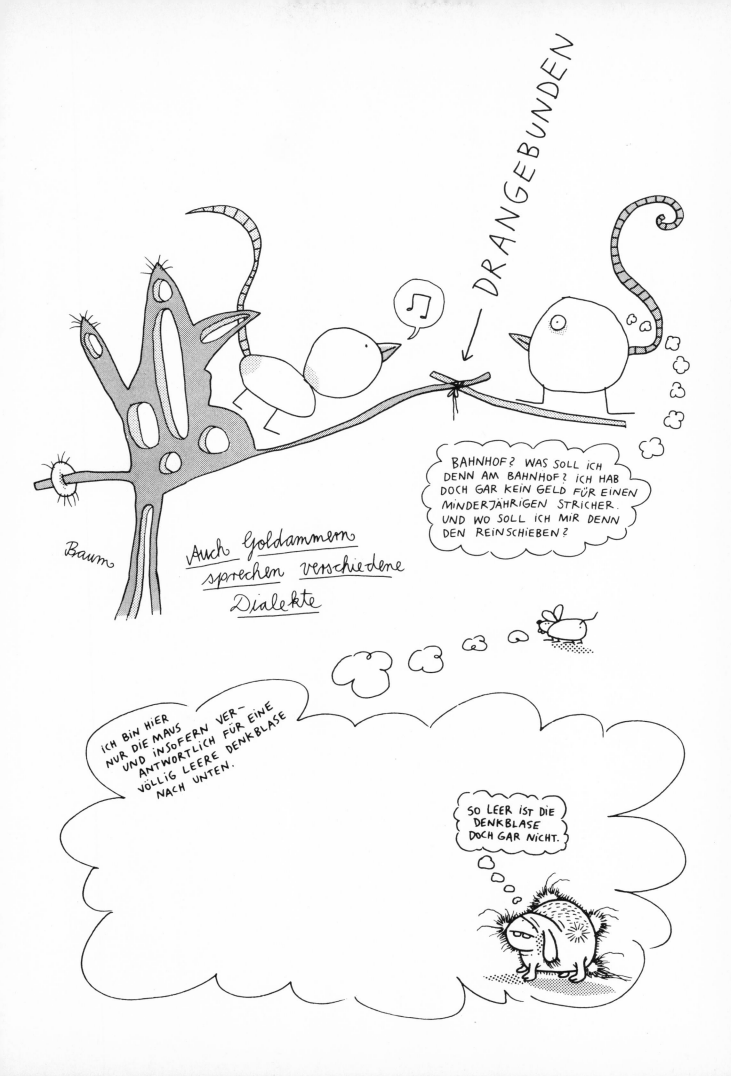

EIN UNERWARTETES MISSVERSTÄNDNIS UNTERBRICHT DEN TROTT

1.
Neu-
berliner
beim
Brötchenkauf

2.
Ein
Waldhorn-
koffer
ist
schwer
zu
zeichnen

3.
Neu-
berliner
beim
Wald-
hornisten-
überfall

Peinlicher Zwischenfall während der Fernsehgala gegen Inge Meysel

S.V.P. →

KATZ + GOLDT

Pilze sind Jazz

Stecken zwei Pilze ihre Fruchtkörper aus dem Erdreich heraus. Früher, in der verrückten, aber wie manche Leute sagen, wunderschönen Zeit der Vereinfachungen waren sie Pflanzen.

Seit einigen Jahren zählt uns die Wissenschaft, von den Laien unbemerkt, nicht mehr zu den Pflanzen. Wir bilden jetzt neben diesen und den Tieren ein drittes, eigenständiges biologisches Reich.

Womit wir Jazz sind. Denn dieser wird auch von Leuten bei Trost weder zum Pop noch zur Klassik gezählt.

Ja, somit seid ihr Jazz.

clap

clap clap !

GESTERN HEUTE MORGEN

Hotel, räusper, Hotel

Einschüchternde Hinweise in den Korridoren.

Morsche Zahnputz-becherkonsolen

Einäscherungsatmosphäre im Frühstücksraum

Zimmermädchen, die sich räuspern, ohne vorher anzuklopfen

Finstere Herren in der Minibar

KATZ+GOLDT

Die beiden netten Homos

TEIL 5: MITTEILUNGSFREUDIGKEIT AM LAKE MICHIGAN

DIE BEIDEN NETTEN HOMOS BESUCHEN IN CHICAGO EIN BEFREUNDETES PAAR, DON UND PIERRE.

Windy city.

ES IST SEHR WINDIG. CHICAGO HAT JA DEN BEINAMEN "WINDY CITY".

PIERRE IST ERSTER KLARINETTIST BEIM CHICAGOER SYMPHONIEORCHESTER, DON REDAKTEUR EINER ZEITSCHRIFT FÜR NAUTISCHE ANTIQUITÄTEN.

Die netten Homos erzählen:

WALTER MOERS IS A VERY FAMOUS GERMAN CARTOONIST. "LITTLE ASSHOLE" ALSO EXISTS IN ENGLISH, BUT HE'S NOT GAY. HIS WIFE IS CALLED ELVIRA. SHE'S NICE.

OL (SCHWARZBACH) IS ALSO A GREAT CARTOONIST, BUT MORE AN INSIDER TYPE. HIS LITTLE PEOPLE ALWAYS VOMIT. HE HAS GOTTEN A BABY RECENTLY, A GIRL CALLED YARA. WITH YPSILON. POOR GIRL. HER WHOLE LIFE SHE MUST ALWAYS SAY: "WITH YPSILON".

Child is Kind in german, isn't it?

YEAH, KINDER-TOTENLIEDER.

THEN THERE'S ALSO RATTELSCHNECK. THAT IS TWO GUYS, MARCUS AND OLAV. THEY'RE JOLLY, BUT NOT GAY. THEY DRAW SEPERATELY, BUT EACH TIME IT APPEARS UNDER THE NAME RATTELSCHNECK.

ONE OF THE TWO LOVELY MEN HAS MOVED TO MUNICH RECENTLY, WHERE THE BEER COMES FROM. FOR LADY REASONS.

They are brewing the beer for lady reasons?

NON, DON, THE LOVELY MAN WENT TO MUNICH FOR UNE PETITE MADEMOISELLE.

HA HA

PIERRE TRITT DEMNÄCHST EINE STELLE IM BERÜHMTEN ORCHESTER VON CLEVELAND AN. EINE EHRE ZWAR, ABER DER UMZUG.
DON MUSS MIT. DER GRUMMELT ZWAR, ABER DIE LIEBE IST STÄRKER ALS DAS GRUMMELN.

THEN THERE'S ALSO TEX RUBINOWITZ, ANOTHER HETERO COMIC ARTIST. HE ALSO SCREAMS IN A PROJECT CALLED "MÄUSE". THEIR CD IS CALLED "TEEN RIOT GÜNTER STRACKTURE" NAMED AFTER A FAT ACTOR FROM DARMSTADT, WHO ONCE PLAYED IN A HITCHCOCK FILM, AND THE T.REX SONG "TEEN RIOT STRUCTURE". TEX IS IN VIENNA, BUT HE'S ACTUALLY FROM LÜNEBURG, THE CITY OF SALT, THAT DISAPPEARS IN THE MUD. THE LAST TRAIN FROM LÜNEBURG TO HAMBURG LEAVES AT 23.53.UHR. IT'S AN INTERREGIO.

Viele Stunden und deutsche Comiczeichner später:

BEFORE TONIGHT WE KNEW LITTLE ABOUT GERMAN CARTOONS. THANK YOU FOR CHANGING THIS.

NORMALLY WE SPEAK ABOUT WET CLARINET MOUTH PIECES AND NAUTIC OLD STUFF.

Bei den BACKSTREET Boys™

KATZ + GOLDT™

Prahlschule LEKTION 1

LERNE ALSO:

Es prahle erst, wer's richtig dicke hat.
(Vorher lohnt es sich doch gar nicht. Denk doch mal nach!)

Ein Japaner, ein Japaner und ein Japaner fliegen mit einem Privatjet.

Sie sollen enthauptet werden.

WÄHREND SIE ÜBER DER HINRICHTUNGSSTÄTTE RUNTER-FALLEN, SAGT DER JAPANER ZU DEM JAPANER:

Guck mal, da ist ja noch ein Franzose, äh, ich meine natürlich Japaner.

KATZ + GOLDT

weitersagen: staubkorn neubeginn

ICH FINDE EINE SCHEIDUNG SOLLTE GENAUSO GEFEIERT WERDEN WIE EINE TÜRKISCHE HOCHZEIT, MIT GELDSCHEINEN AM BUSEN ETC.

In einer Scheidung ist ja auch immer ein Staubkorn Neubeginn.

staubkorn neubeginn ist doch quark. mit wem soll ich denn neu beginnen mit meinen 90 kilo, 80 warzen, 70 jahren und 60.000 eier schulden?

Ach so. Staubkorn Neubeginn ist Quark. Weitersagen!

GERNE!
STAUBKORN NEUBEGINN IST QUARK,
STAUBKORN NEUBEGINN IST QUAHAK,
STAUBKORN NEUBEGINN IST...

Agathe und zwei Schachteln von Span

KATZ + GOLDT

Eine Räuberkeulenpistole

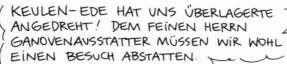

KATZ + GOLDT

ACT UP AKTIVISTEN

1. öffentlich

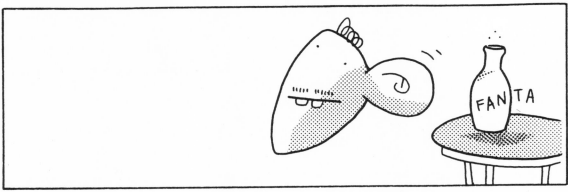

2. privat

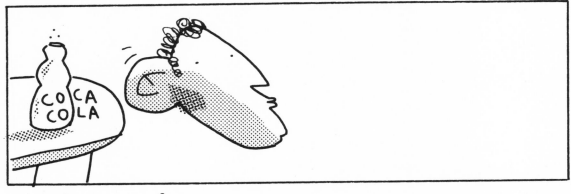

3. teures Sofa

Ein zahmer Engel

"Ich könnte niemals so arrogant sein, auszuschließen, daß ich recht haben könnte, wenn 99% aller Leute einen Igel sehen, und ich sehe einen Engel. Sollte man nicht in jedem wild tobenden Igel einen zahmen Engel sehen? Wenigstens ansatzweise."

AUS DEN SUDELBÜCHERN VON MAX GOLDT (* 1958)

Im ~~sehr~~ schlechten Restaurant

KATZ + GOLDT

Die Dame im Park

ALS RESULTAT VON 'KÖPFE ZUSAMMENSTECK'
UND 'TUSCHEL, TUSCHEL':

Wenn Männer sich sechs Wochen kennen

Wenn Männer sich sechs Wochen kennen, beginnen sie, einander Fragen zu stellen.

Das ist ja auch keine Situation, in der man sich von einer blinden Muselmanin auf einem Karren über den Kurfürstendamm schieben lassen möchte.

Dann wird die Muselmanin auch noch verhaftet und man liegt da in seiner heiklen Situation.

Unglaublich, wie Ausländer in Deutschland behandelt werden.

Leute aus Süddeutschland oder so fragen ja auch immer, warum der Kurfürstendamm keine Fußgängerzone ist. Dabei sind Fußgängerzonen dermaßen provinziell. Nachts herrscht doch da eine gottverlassene Grusical-Stimmung.

Wenn sich Männer acht Wochen kennen, gibt es noch immer Sachen, die sie voneinander wissen wollen.

KATZ + GOLDT

VOLKSNAHE KUNST
KIOSK
CAMELCAMELCAM
Strukturier deinen Tag!
DENKMAL FÜR DEN ERSTEN ARBEITSLOSEN, DER AUF DIE "IDEE" KAM MIT EINER BIERDOSE IN DER HAND AN EINEM KIOSK ZU STEHEN
WAS WÄRE EUROPA OHNE IHN?
DUMP!
SPRECHBLASE VON BRONZESTATUE AUF MARMOR-SÄULE IST SO VOLKSNAH NUN AUCH WIEDER NICHT.
KATZ + GOLDT

Psychologie heute

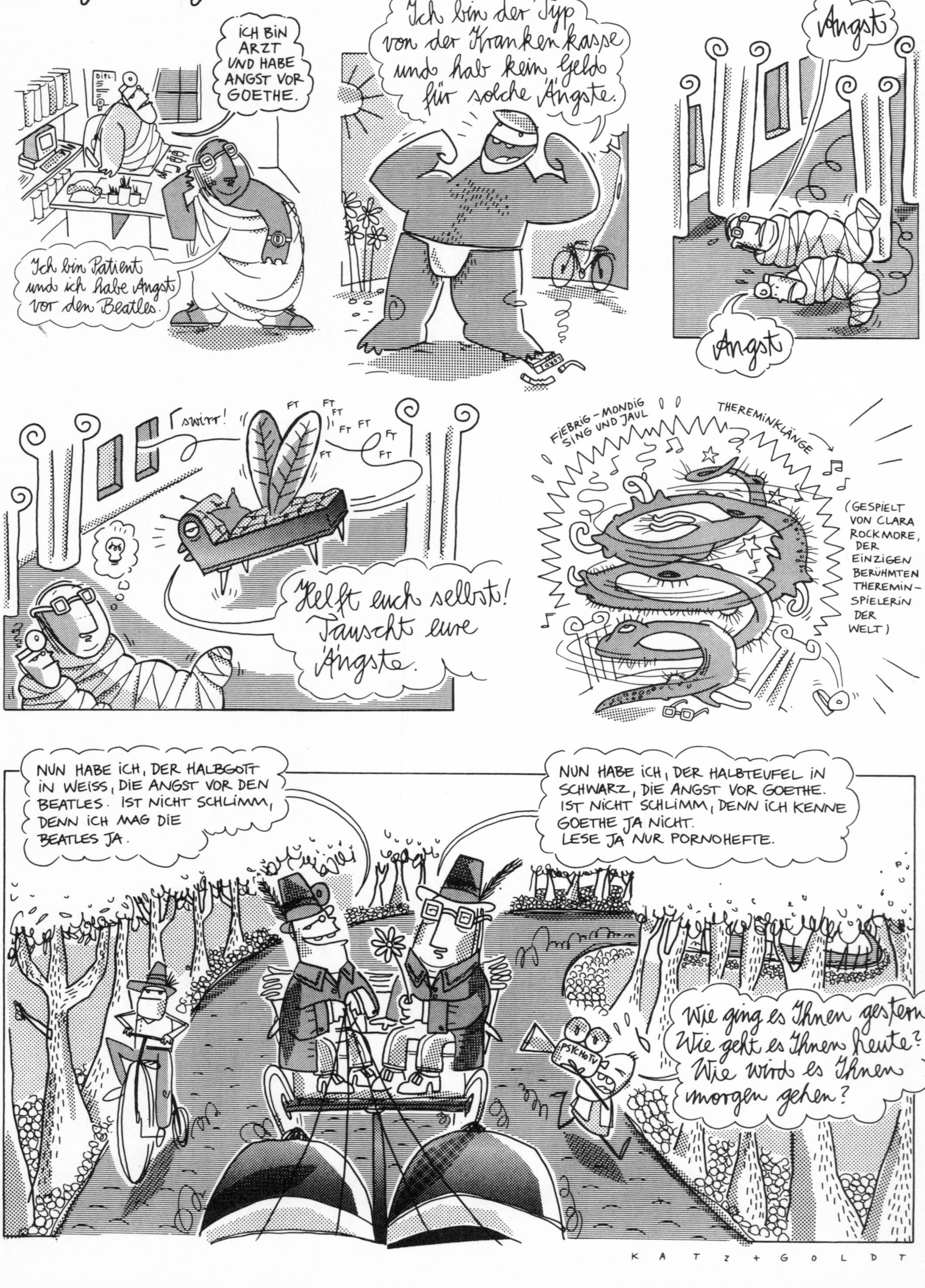

KATZ + GOLDT

Warum Verbrecher gerne
Filme über Mücken sehen

> Thought I could organise freedom. How Scandinavian of me <

Björk, "Hunter"

WEIL HIER NOCH PLATZ IST:
EINIGE BESONDERS DOOFE
JOURNALISTEN-BEZEICHNUNGEN
FÜR DIE REYKJAVIKER POPKÜNSTLERIN

1.) EXZENTRISCHES POP-URMEL AUS DEM EIS

2.) OKTAVEN-PINGUIN

HOPPEL HOPPEL

3.) DIE DURCHGEKNALLTE AUS DER GLETSCHERSPALTE

4.) DIE POLARKREIS-ELFE MIT DEM BEREITS 10-JÄHRIGEN SOHN

KATZ + GOLDT

Die beiden netten Homos

TEIL 6: EINE EPISTEL AN DEN BUPRÄ

TROTZ ALLEM LIEBEN DIE BEIDEN NETTEN HOMOS KEINE LEDERSOFAS. SIE HABEN SICH IN EINEM WITZIGEN LADEN IN GRAZ EINE WITZIGE STEIRISCHE BAUERNTRUHE GEKAUFT. AUF DER SITZEN SIE IN STUNDEN DER MUßE UND HÖREN "IHRE" MUSIK.

ALLE FÜNF JAHRE FAHREN SIE ZUR DOCUMENTA NACH KASSEL. DAS HAT SICH BEI IHNEN SO EINGEBÜRGERT. MIT DEN JAHREN HAT DIE BEGEISTERUNG ZWAR NACHGELASSEN...

... ABER DIE DOCUMENTA BEEINFLUSST DOCH IHR LEBEN.

Man schreibt daher eine Epistel an den Buprä.

DIE ANTWORT KOMMT POTZBLITZ

Liebe Homos, Ihre Sorgen sind so berechtigt, wie meine Kompetenz begrenzt ist. Wenden Sie sich doch bitte an Dj Dr. Motte.

Dj Dr. Motte? Was ist denn das für'n Kack-Name?

DIE BEIDEN NETTEN HOMOS HABEN ABER HUMOR UND MACHEN SICH IHREN EIGENEN (FREILICH SKURRILEN) REIM AUF DEN NAMEN DES ERFINDERS DES INTERNATIONALEN TANZPISSENS.

Die soll einen Armumfang von 7 Nudelhölzern haben!

KATZ + GOLDT

KATZ + GOLDT

K A T Z + G O L D T

Jugend vor der Wahl

DER ANTI-ZWIST-EXHIBITIONIST

Aus einer Theaterkritik

...ein verhärmtes, schrill scheiterndes Dornröschen, daß bald delirierend, bald masturbierend am Essen rumnörgelt...

...und zum hundertfünfzigsten Mal in diesem Herbst die abgedroschene Idee mit dem Taucher im Wasserbett...

...viel ratloses Schweigen bereits in der Pause...

Erst das lautstarke Zerplatzen einer Leuchtstoffröhre direkt über der kunstvollen Frisur der Frau eines stadtbekannten Dauerwurstfabrikanten löste die Stimmung.

K A T Z + G O L D T

Idyllenschwerpunkt Kätzchen

WIE DAS IST, WENN DER IDYLLENZEICHNER ES VERSÄUMT, DEN
IDYLLENSCHWERPUNKT KÄTZCHEN INS RECHTE LICHT ZU RÜCKEN.

WIE DAS IST, WENN DER IDYLLENZEICHNER DEN IDYLLEN —
SCHWERPUNKT KÄTZCHEN ÜBERSTRAPAZIERT.

„Agathe" und der „Mostrichklacks"

Du, Gathi, mir wird nun aber doch etwas kühl auf der Terrasse. Willst du nicht unten den Kamin „anwerfen"?

ACH KOMM, BELLA. ZUM TEE AUF DIE DACHTERRASSE – ZUM ABENDBROT AN DEN KAMIN. DAS SIND DIE LEUTE, DIE WIR ALS STUDENTEN VERACHTET HABEN. JULIAN, HOL' UNSERER BELLA DOCH BITTE EINE STOLA AUS DER TRUHE NEBEN DEM SCHIRMSTÄNDER.

ABER VORHER MACHST DU MIR NOCH EINEN KLACKS MOSTRICH AN MEINE BRATWURST. EINEN DICKEN KLACKS MOSTRICH.

WEDEL!

SPÄTER:

Hier Bella, die Stola.

Bella sieht ja klasse aus mit der Stola! Aber du kannst ja mit Frauen nichts anfangen.

SEXUELL NICHT, ABER DIE STOLA IST SCHON DOLL.

K A T Z + G O L D T

Sitzi & Flitzi

STARRING:

Sitzi

Flitzi

DER EINE BEHÄBIG, DER ANDERE AGIL

1.Teil: Der Schnitt in den Finger

Nächste Folge: Sitzi hat Durst.

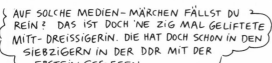

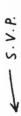

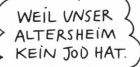

Wir Deutschen lieben unser ß

SEIT MAN BEGONNEN HAT, ÜBER DIE RECHTSCHREIBREFORM ZU JAMMERN, HAT DAS DEUTSCHE VOLK EINEN NEUEN LIEBLING: DAS ß.

Das ß ist etwas ganz besonderes, weil es nur als Kleinbuchstabe existiert. Wenn man ein ß-enthaltendes Wort in Großbuchstaben schreibt, verwendet man SS. Doch wir lieben solche Nazi-Sachen nicht. Umso mehr lieben wir unseren Babybuchstaben ß.

IN DER SCHWEIZ GIBT ES GAR KEIN ß. IN ÖSTERREICH WIRD ES IN GROSSBUCHSTABENSCHREIBUNG OFT ALS SZ WIEDERGEGEBEN. DIES IST SCHOCKIEREND FÜR BESUCHER AUS DEUTSCHLAND.

WIR KOCHEN NICHT GUT. WIR SIND UNFREUNDLICH. ABER WIR HABEN EINEN GUTEN FREUND: UNSER ß.

Wir wollen nichts dazu verdammt werden, unseren deutschen Exclusivbuchstaben seltener als zuvor benutzen zu dürfen. Das ß ist purer Sex!

Ansonsten ist die Rechtschreibreform völlig egal.

KATZ + GOLDT

Hallo Erstes Tierchen!
Hast du die
Salzburger
Weihrauchquittung gesehen?
Wenn wir ihm die
nicht bringen, macht
unser Steuerberater von
seinem Züchtigungsrecht
Gebrauch und verarbeitet
uns zu Hackfleisch.

Aber zweites Tierchen!
Die S. W. Q.
befindet sich doch
in der Mitte der Seite,
damit alle Menschen
sehen, daß unser Weihrauch
bezahlt ist.

epp+gschmeidler
Lacke & Farben Gesellschaft m. b. H.
SALZBURG - LAUTERACH - ZELL AM SEE

NAME

ADRESSE

Anz.	Datum	199**7**	s	g
2	Weihrauch		26.-	

BEZAHLT
11. DEZ. 1997

Preise inklusive ___ % Mwst.
Bitte bei Irrtum oder Umtausch diesen Zettel vorlegen.
UID ATU 33839807   Omega Wien

G   13-04960

PHOTO INDEX

24-11-97

Titel: ....